QUESTIONS RÉPONSES 8/10 ans

La Seconde Guerre mondiale

Textes de **Jean-Michel Billioud**

Illustrations de **Cyrille Meyer**

Nathan

SOMMAIRE

Adolf Hitler
Mein Kampf
1. Band

La Seconde Guerre mondiale, c'est quoi ?

C'est un conflit sans précédent dans l'histoire des hommes, qui a eu lieu entre 1939 et 1945. La Seconde Guerre mondiale laisse un monde dévasté et déchiré.

Quelles sont les différences entre les deux guerres mondiales ?

La première s'est déroulée en Europe de 1914 à 1918 et a fait 10 millions de morts, principalement parmi les militaires. La seconde a coûté la vie à près de 50 millions de personnes, dont plus de la moitié de civils. La différence est aussi idéologique : chaque camp défend une vision du monde et veut l'imposer.

Quels pays sont concernés par cette guerre ?

Presque tous, répartis en deux camps opposés : l'Axe contre les Alliés. Dans le premier se trouvent les pays totalitaires comme l'Allemagne nazie, l'Italie fasciste et le Japon. Ils sont opposés à la Grande-Bretagne, à la France et, à partir de 1941, à leurs alliés soviétiques et américains.

Les pays neutres comme la Belgique sont envahis par l'Allemagne.

Tous les pays d'Europe vont-ils participer ?

Oui, presque. Certains se déclarent neutres comme la Belgique, le Danemark ou les Pays-Bas. Mais ils seront envahis par l'Allemagne dès le mois de mai 1940. Le seul grand pays restant à l'écart du conflit est l'Espagne de Franco, qui a connu une grande guerre civile entre 1936 et 1939.

Où a lieu la guerre ?

Il y a deux immenses champs de bataille principaux. Le premier est centré sur l'Europe et le nord de l'Afrique. Le second, qui concerne plus particulièrement le Japon, englobe le Pacifique, l'Inde, la Chine et le sud-est de l'Asie.

LE SAVAIS-TU ? Les pays d'Europe centrale vont particulièrement souffrir de la guerre : la Pologne perd près de 15 % de sa population.

LA GUERRE AU FIL DES ANS

28 juin 1919
Le traité de Versailles met fin à la Première Guerre mondiale mais humilie les Allemands.

30 octobre 1922
Mussolini s'empare du pouvoir en Italie : il deviendra l'allié d'Hitler.

30 janvier 1933
Hitler est nommé chef du gouvernement allemand après des élections remportées par le parti nazi.

29 et 30 septembre 1938
Lors de **la conférence de Munich**, les Anglais et les Français abandonnent leurs alliés tchécoslovaques aux mains d'Hitler en pensant préserver la paix.

1er septembre 1939
L'Allemagne envahit la Pologne. C'est le début de la Seconde Guerre mondiale.

18 juin 1940
Depuis Londres, le général de Gaulle appelle à poursuivre le combat. Quatre jours plus tard, la France signe l'armistice.

Juillet-Octobre 1940
L'Allemagne lance la bataille d'Angleterre. Les Anglais résistent héroïquement face aux nazis.

22 juin 1941
L'Allemagne attaque l'URSS avec qui elle avait pourtant signé un pacte de non-agression en 1939. L'URSS rejoint le clan des alliés de la France.

7 décembre 1941
Le Japon bombarde Pearl Harbor : les Américains entrent en guerre contre l'Allemagne et le Japon.

8 novembre 1942
Les troupes américaines et anglaises débarquent en Afrique du Nord.

2 février 1943
Les Allemands capitulent à Stalingrad face à l'armée soviétique.

6 juin 1944
Les Alliés débarquent en Normandie.

25 août 1944
Paris est libéré par les Alliés, les troupes françaises et des résistants.

Février 1945
Lors de la conférence de Yalta, Staline, Roosevelt et Churchill organisent l'avenir de l'Allemagne.

8 mai 1945
L'Allemagne capitule.

6 et 9 août 1945
L'Amérique largue des bombes atomiques sur Hiroshima et Nagasaki, au Japon.

Quelles sont les causes de la Seconde Guerre mondiale ?

Elles sont nombreuses. Hitler profite de la crise économique et de l'envie de revanche des Allemands qui ont perdu la Première Guerre mondiale. Il exploite aussi la faiblesse des démocraties européennes.

INCROYABLE !

Le général de Gaulle écrit en 1934 un livre sur le besoin de l'armée française en chars. Mais il n'est pas écouté !

Pourquoi les Allemands veulent-ils se venger ?

Parce que le traité de Versailles signé en 1919 considère que les Allemands sont les seuls responsables de la guerre de 1914-1918. Leur pays est amputé de ses colonies, de l'Alsace et de la Lorraine, privé d'une partie de son armée, sanctionné de lourdes amendes. Les Allemands se sentent humiliés.

La crise économique est-elle très grave ?

Oui. La crise économique et sociale née en 1929 aux États-Unis fait des ravages en Europe : des millions de travailleurs se retrouvent au chômage. L'Allemagne est l'un des pays les plus touchés. En 1933, 1 Allemand en âge de travailler sur 3 est sans emploi. Désespérés, beaucoup font confiance à Hitler.

Comment Adolf Hitler arrive-t-il au pouvoir ?

Il est nommé chancelier (chef du gouvernement) en 1933. Son parti, le parti nazi, vient de remporter les élections. Annoncé dans son livre *Mein Kampf* dès 1925, son programme vise à redonner à l'Allemagne « un espace vital » pour qu'elle retrouve sa prospérité, à combattre les communistes et à exterminer les Juifs.

Que fait-il en Allemagne ?

Hitler interdit les autres partis et impose un régime où le pouvoir est entièrement entre ses mains. Dès 1934, il fait surveiller la population avec sa police secrète, la Gestapo. En 1935, il rétablit le service militaire (interdit par le traité de Versailles) pour préparer une armée conquérante.

LE SAVAIS-TU ? Après un coup d'État raté en 1923, Hitler passe une année en prison où il écrit *Mein Kampf* (Mon Combat).

ÉTÉ 1939, À LA VEILLE DE LA GUERRE

Royaume-Uni

Le roi George VI est partisan de la paix mais l'Angleterre protégera ses alliés comme la France ou la Pologne.

France

Président de la République, Albert Lebrun veut la paix, comme son gouvernement.

Allemagne

Le chancelier Adolf Hitler dirige un État totalitaire où aucune opposition n'est autorisée.

URSS

Staline se méfie des Allemands mais il n'a pas encore les moyens militaires suffisants pour attaquer. Il signe avec eux un pacte de non-agression en 1939 qui sera rompu en 1941.

Espagne

Après avoir gagné la guerre civile dans son pays et instauré un État totalitaire, le général Franco veut rester neutre.

Italie

Mussolini a mis en place un État fasciste dirigé par un parti unique, autoritaire et nationaliste. Dès 1939, ce dictateur s'allie avec Hitler.

Japon

Influencé par les généraux de son armée, l'empereur Hirohito est un partisan de la guerre et veut s'emparer de la Chine.

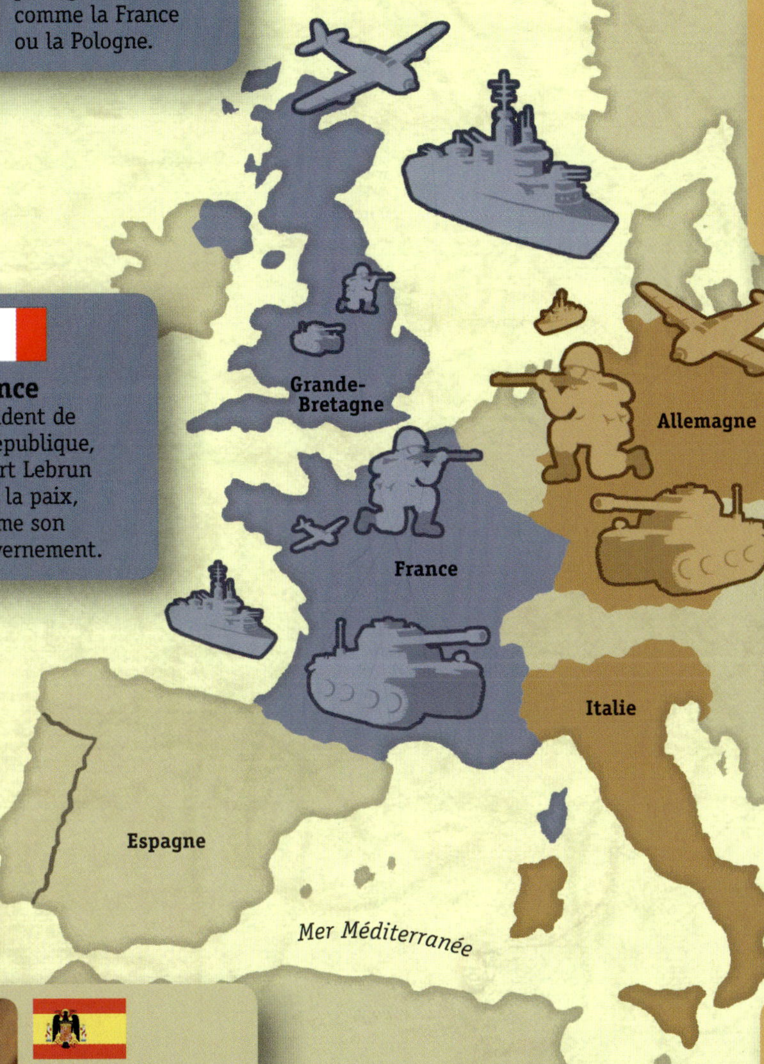

Quelles sont les grandes étapes vers la guerre ?

Depuis le début des années trente, les tensions sont nombreuses. Le Japon envahit la Chine, l'Italie rêve de conquêtes africaines et Hitler s'empare de l'Autriche et d'une partie de la Tchécoslovaquie.

INCROYABLE !

Avant de devenir un extrémiste de droite, Mussolini était un instituteur socialiste !

Que se passe-t-il en Italie ?

À partir de 1922, Benito Mussolini impose une dictature fasciste où toute opposition est interdite. Il s'appuie sur une intense propagande à sa gloire : c'est le culte du chef. Dès 1935, l'Italie attaque l'Éthiopie. En mai 1939, Mussolini signe une alliance avec Hitler, le pacte d'Acier.

Quelle est la première conquête d'Hitler ?

Il occupe l'Autriche en mars 1938 sans qu'aucune démocratie ne réagisse. L'Autriche devient une province du IIIe Reich, le nouvel empire allemand fondé par Hitler. Beaucoup de ses habitants accueillent favorablement ce rattachement, « anschluss » en langue allemande.

Pourquoi personne ne réagit face à lui ?

Les dirigeants français et anglais veulent éviter la guerre. Certains espèrent qu'Hitler défendra l'Europe contre l'Union soviétique communiste, l'URSS. À la conférence de Munich (1938), ils acceptent même l'annexion d'une partie de la Tchécoslovaquie par l'Allemagne, pensant préserver la paix en Europe.

Quelle est l'attitude des Soviétiques ?

Le 23 août 1939, l'URSS signe un pacte de non-agression avec Hitler. C'est une ruse des deux côtés : Staline n'est pas encore prêt à se battre et Hitler veut éviter une guerre sur plusieurs fronts. Ils organisent aussi secrètement le prochain partage de la Pologne qu'ils vont attaquer.

LE SAVAIS-TU ? En 1939, Hitler et Staline signent un pacte de non-agression entre leurs pays, alors même qu'ils se détestent.

L'INVASION

La marche à la guerre est lancée à la fin de l'été 1939. Rien ne semble pouvoir freiner la folie d'Hitler.

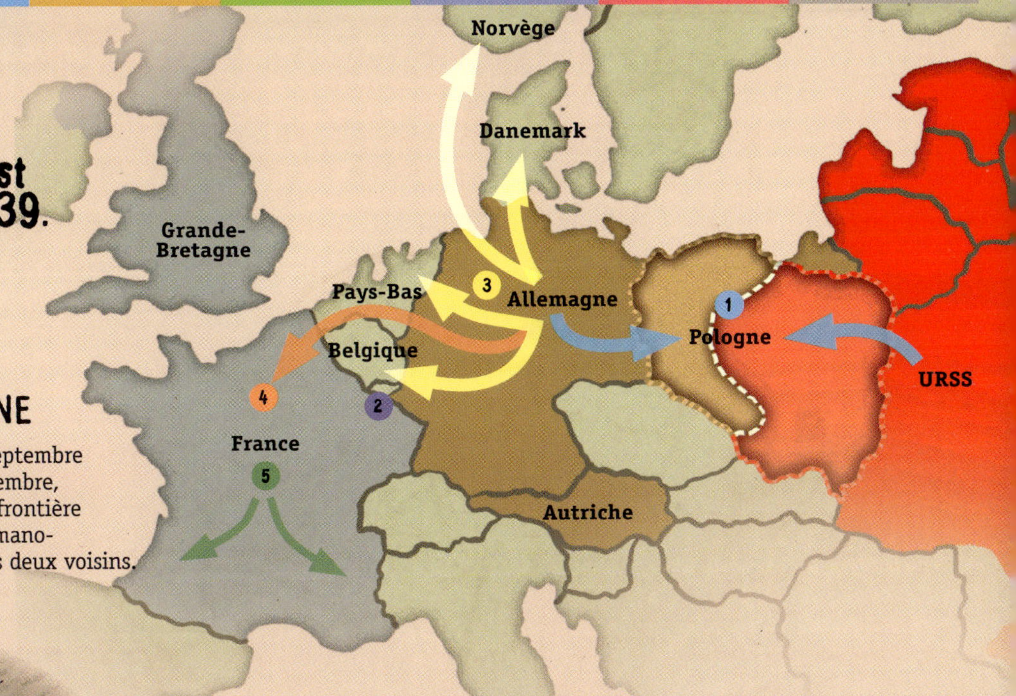

1 L'INVASION DE LA POLOGNE

La Pologne est envahie par les nazis le 1er septembre 1939 sans déclaration de guerre. Le 17 septembre, les troupes de Staline violent à leur tour la frontière polonaise. Comme l'avait prévu le pacte germano-soviétique, la Pologne est partagée entre ses deux voisins.

2 LA DRÔLE DE GUERRE

Alliés de la Pologne, le Royaume-Uni et la France exigent le retrait des Allemands. Devant le refus d'Hitler, ils déclarent la guerre à l'Allemagne le 3 septembre. Mais, confiants dans leur système militaire de défense, ils n'attaquent pas. C'est la « drôle de guerre » qui dure de septembre 1939 à mai 1940.

3 LA GUERRE ÉCLAIR

En avril, les nazis s'emparent du Danemark et de la Norvège. Le 10 mai 1940, l'Allemagne attaque les Pays-Bas et la Belgique, deux pays neutres, pour attirer les Alliés vers le nord.

4 L'INVASION DE LA FRANCE

Les Français et les Britanniques sont rapidement encerclés autour de Lille et de Dunkerque, et en Belgique. Devant la puissance allemande, plus de 300 000 soldats alliés sont évacués par bateaux vers l'Angleterre.

5 L'EXODE

Terrorisés, de nombreux Français partent sur les routes en voiture, en vélo ou à pied dans une atmosphère de panique.
Le 14 juin, les nazis entrent à Paris et défilent en vainqueurs sur les Champs-Élysées.

Quelle est la réaction des Français ?

Certains acceptent de collaborer avec les nazis, d'autres, très rares, s'engagent immédiatement dans la résistance. La très grande majorité des Français subit l'occupation sans plaisir, mais sans véritablement réagir.

Où est signé l'armistice ?

L'acte qui met fin à la guerre est signé à la demande d'Hitler dans le wagon où les Allemands avaient été obligés de reconnaître leur défaite en 1918. C'est une revanche pour les Allemands. Symbole de la victoire des Alliés en 1918, le wagon avait été conservé dans une clairière de la forêt de Compiègne, proche de la gare de Rethondes.

INCROYABLE !

Le wagon où est signé l'armistice du 22 juin 1940 est envoyé à Berlin pour y être exposé.

Que prévoit ce texte ?

Beaucoup de choses. En échange de l'arrêt des combats, le gouvernement français accepte le désarmement de ses troupes. L'Alsace-Lorraine redevient une province allemande. L'armistice divise aussi le pays en deux : une zone occupée complètement sous domination allemande et une zone « libre », au sud, qui reste sous l'autorité du maréchal Pétain.

Pourquoi les Français obéissent-ils au maréchal Pétain ?

Parce que ce vieil homme de 84 ans qui dirige la France est un héros de la Première Guerre mondiale. Pour faire passer ses idées, il utilise la propagande et organise le culte de sa personnalité. Mais au cours de la guerre, il renforce sa collaboration avec les Allemands et une partie des Français s'éloigne de lui.

LE SAVAIS-TU ? Le général de Gaulle était un proche du maréchal Pétain entre les deux guerres mondiales.

LES DEUX FRANCE

Les Français de la zone occupée et ceux de la zone libre n'ont pas toujours les mêmes préoccupations, ni les mêmes idées.

Décembre 1940
Paris, en zone occupée

❶ **Monsieur Paul** est très heureux de la collaboration entre la France et l'Allemagne. Il pense que les nazis vont protéger l'Europe des communistes soviétiques.

❷ **Baptiste** a participé à la manifestation des étudiants et des lycéens le 11 novembre devant l'Arc de triomphe. Il est très courageux car les nazis l'avaient interdite et les forces de l'ordre ont attaqué les manifestants.

❸ **Monsieur Albert** sait que Baptiste a fait cet acte de résistance mais il ne veut pas d'ennuis. Il ne veut ni l'aider, ni le dénoncer. C'est trop dangereux.

❹ **Georgette et Luc** viennent de se marier. Ils ne veulent prendre parti ni pour le maréchal Pétain, ni pour le général de Gaulle. Ils attendent de voir l'évolution des choses.

Décembre 1940
Marseille, en zone libre
(jusqu'au 11 novembre 1942)

❺ **Juliette et Mathilde** sont désespérées : le maréchal Pétain a serré la main d'Hitler à Montoire le 24 octobre ! C'est une honte pour la France. Elles vont chercher à résister.

❻ **Madame Henriette** adore le maréchal Pétain, le héros de la Première Guerre mondiale. Si elle apprend que des voisins sont de mauvais Français, elle écrira une lettre à la police allemande pour les dénoncer.

❼ **David et sa famille** sont juifs. Le 3 octobre, le gouvernement de Vichy a publié la longue liste des métiers interdits aux Juifs. David qui est enseignant doit quitter son travail !

❽ **Mauricette et Léon** sont fromagers. Ils sont contents d'être en zone libre car l'approvisionnement est plus facile.

Quels pays résistent aux attaques d'Hitler ?

En juin 1940, le Royaume-Uni est le seul pays européen qui ose défier Hitler. Sous la conduite de Winston Churchill, il parvient à contenir les assauts nazis avant de préparer la contre-attaque.

Quel est le plan d'Hitler pour vaincre l'Angleterre ?

Avant de tenter un débarquement, il veut détruire toute résistance anglaise. Pendant des mois, ses 2 700 avions bombardent Londres et les grandes villes. C'est la bataille d'Angleterre, qui dure de juin 1940 à mai 1941.

Les Anglais se laissent-ils faire ?

Pas du tout. Guidés par le chef de leur gouvernement, le courageux Winston Churchill, les soldats de la Royal Air Force abattent de nombreux avions allemands. Hitler doit renoncer. Sur le plan international, Churchill se rapproche du président américain Roosevelt et soutient Charles de Gaulle, réfugié à Londres.

INCROYABLE!

À peine arrivé au pouvoir, le lucide Churchill déclare aux Anglais : « Je n'ai rien d'autre à offrir que du sang, du travail, des larmes et de la sueur » !

Que fait Hitler après son invasion ratée ?

Hitler rompt le traité de paix avec les Soviétiques et lance 3 millions de soldats contre l'URSS car il hait les communistes. C'est l'opération « Barbarossa » qui débute le 22 juin 1941. La Wehrmacht remporte des victoires mais ne parvient pas à atteindre Moscou avant l'hiver.

LE SAVAIS-TU ? Seules les îles anglo-normandes de Jersey et Guernesey sont occupées par les forces allemandes.

LA BATAILLE D'ANGLETERRE

Hitler souhaite envahir l'Angleterre mais il veut d'abord anéantir les forces aériennes britanniques.

Le **Spitfire** anglais, dont le nom signifie « cracheur de feu », est armé de 2 canons et de 4 mitrailleuses. C'est un **redoutable avion** de chasse contre les Allemands car il est le plus rapide (650 km/h).

En **septembre 1940**, les bombardiers allemands larguent **7 000 tonnes de bombes** sur Londres.

Les **défenseurs** au sol utilisent des canons et des puissants projecteurs pour éclairer le ciel pendant la nuit.

Lors des **bombardements**, les Anglais se réfugient dans les stations de métro ou dans les caves et ne perdent jamais courage.

La **bataille d'Angleterre** a fait 45 000 victimes civiles à cause des bombardements. 449 aviateurs sont tués du côté anglais, 1 740 chez les Allemands.

Pourquoi Hitler veut-il exterminer les Juifs ?

Dans sa folie, le führer compare les Juifs à des « parasites » dont il faut se débarrasser. Il prétend que la « race aryenne », celle à laquelle appartiendraient les Allemands, est au-dessus de toutes les autres.

Depuis quand les Juifs sont-ils persécutés par les nazis ?

Dès 1933, mais surtout à partir de 1935 avec les lois de Nuremberg. Leurs magasins sont pillés, des métiers leur sont interdits, ainsi que les mariages avec des non-Juifs. En Pologne, dès l'occupation, les Juifs sont parqués dans des quartiers spéciaux, les ghettos, où beaucoup meurent de faim.

INCROYABLE !

Le congrès de Nuremberg où sont proclamées les lois antisémites a été baptisé par les nazis « le congrès de la liberté » !

Les Juifs sont-ils les seules victimes ?

Ils ont été la cible principale des nazis. Ces derniers s'en prennent aussi à leurs opposants politiques comme les socialistes et les communistes. Ils traquent enfin les homosexuels, les marginaux, les handicapés mentaux et les Tziganes qui souilleraient, selon eux, la pureté de la race allemande.

Quand ont lieu les premiers massacres des Juifs ?

À partir du mois de juin 1941, les troupes allemandes marchent sur l'URSS et éliminent les Juifs des territoires conquis. Près de 800 000 sont fusillés en six mois par des groupes composés de SS, soldats impitoyables dévoués à Hitler.

Quel est le nombre des victimes juives ?

C'est compliqué mais les historiens estiment que 5 à 6 millions de Juifs ont été assassinés. Parmi eux, près de 3 millions ont été tués dans des camps d'extermination. En quelques années, la moitié de la population juive d'Europe disparaît.

LE SAVAIS-TU ? Les nazis obligent les Juifs à porter une étoile jaune sur leurs vêtements, les homosexuels un triangle rose.

AUSCHWITZ, UN CAMP DE LA MORT

Hitler fait bâtir des camps de concentration dès 1933 puis des camps d'extermination à partir de 1941. Dans le camp d'Auschwitz-Birkenau, 1,1 million de déportés ont été tués.

❶ Entrée du camp d'**Auschwitz**

Les camps de concentration

Construits pour interner les opposants politiques des nazis et les homosexuels, une vingtaine de camps enferment de nombreux résistants et déportés de toute l'Europe après le début de la guerre. Beaucoup de travailleurs succombent aux travaux forcés.

❷ À peine débarqués des trains, les déportés sont **divisés en deux groupes** : ceux qui sont jugés aptes pour travailler et ceux qui sont envoyés dans les chambres à gaz.

Les camps d'extermination

Il y en a 6, tous situés sur le territoire polonais de 1939 : Auschwitz-Birkenau, Majdanek, Belzec, Chelmno, Sobibor et Treblinka. Les 2 premiers sont aussi des camps de travail. Les 4 autres sont exclusivement des « centres de mise à mort » dotés de chambres à gaz, où les déportés sont immédiatement tués à leur arrivée.

❸ Les nazis font croire aux déportés qu'ils vont prendre une douche. **Ces derniers sont asphyxiés** après l'envoi de gaz meurtriers.

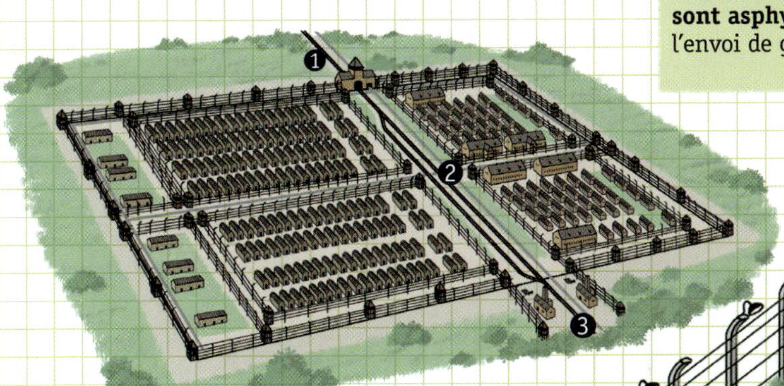

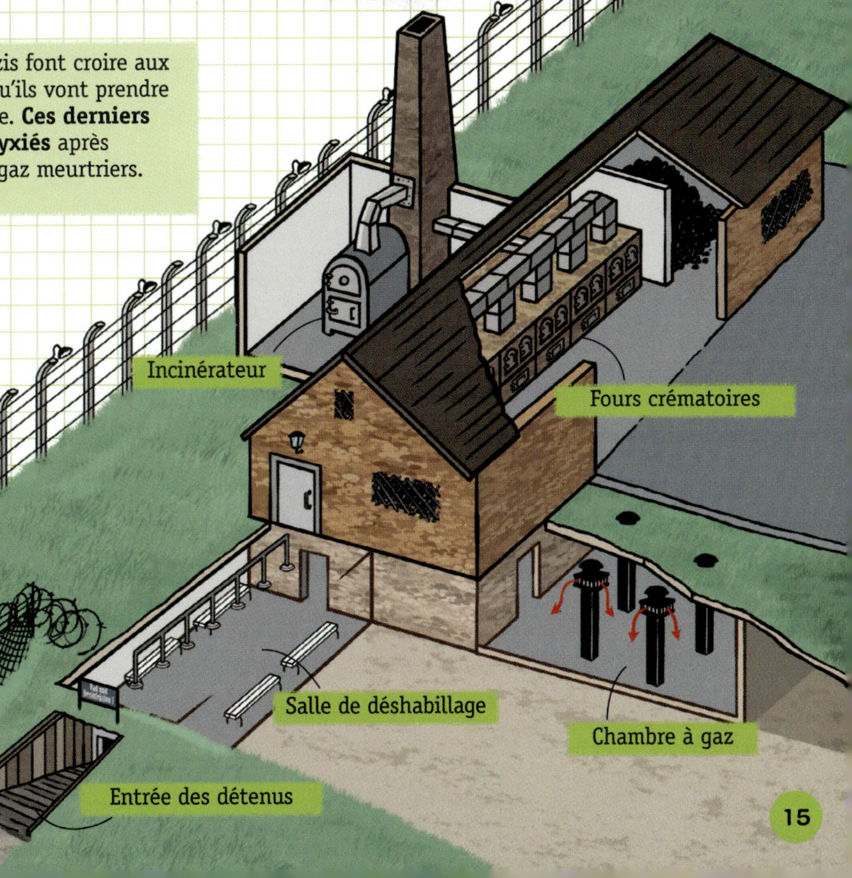

Comment vivent les Français pendant l'Occupation ?

Dès le mois de juin 1940, la situation devient difficile. À cause des exigences des Allemands, des bombardements et des problèmes de ravitaillement, les Français manquent de tout et vivent dans la peur.

Comment trouvent-ils de la nourriture ?

Très vite, les denrées manquent, surtout en ville. Les Français doivent acheter leur pain ou leur viande avec des tickets de rationnement. Selon son âge, chacun reçoit une ration différente. Certains vont chercher des aliments à la campagne et les vendent plus cher en cachette : c'est le marché noir.

Peuvent-ils sortir le soir ?

Dès que la nuit est tombée, il est interdit de se promener ou d'aller chez des amis sans autorisation accordée par les Allemands. C'est le couvre-feu. Ceux qui sont recherchés par la police allemande, comme les résistants, n'osent souvent pas quitter leur appartement pendant la journée.

INCROYABLE !

Le 2 août 1939, le régime de Vichy condamne le général de Gaulle à mort pour « trahison » et « désertion en temps de guerre ».

Y a-t-il des bombardements en France ?

Oui. De 1940 à 1945, les Anglais puis les Américains lancent près de 550 000 tonnes de bombes pour désorganiser la défense allemande en France. Ils visent des cibles stratégiques comme les gares ou les casernes mais ce sont parfois les civils qui en sont victimes.

Que font les Français lors de ces attaques ?

Dès qu'ils entendent les sirènes qui annoncent les raids, ils se cachent dans les caves des immeubles. Ce n'est pas toujours possible : 75 000 Français périssent et des centaines de milliers d'habitations sont détruites.

LE SAVAIS-TU ? Pendant la guerre, un kilo de beurre qui est vendu 77 francs normalement trouve preneur à 600 francs au marché noir !

L'ÉTAT FRANÇAIS

Chef de l'État français à partir du 10 juillet 1940, Philippe Pétain dirige un gouvernement autoritaire qui s'installe à Vichy en zone libre. Il obéit aux Allemands et traque les résistants et les Juifs.

4 octobre 1940

La première loi antisémite

Depuis le 3 octobre 1940, les Juifs n'avaient déjà pas le droit de devenir enseignants ou juges en France. La loi du 4 octobre autorise l'enfermement des Juifs sur simple décision du préfet, représentant du gouvernement dans les départements.

Le port de l'**étoile jaune** n'a jamais été obligatoire en zone libre, mais le régime de Vichy fait apposer le tampon « juif » sur les papiers d'identité.

24 octobre 1940

L'entrevue de Montoire

Dans la petite gare de Montoire, Pierre Laval, chef du gouvernement français, très apprécié des Allemands, organise une rencontre entre Hitler et Pétain. Six jours plus tard, dans un discours à la radio, Pétain appelle à une collaboration sincère avec l'Allemagne.

8 juillet 1941

La création de la LVF

La Légion des Volontaires Français contre le bolchevisme (LVF) rassemble des Français volontaires contre les troupes communistes. Près de 6 000 se battent en URSS sous l'uniforme allemand.

27 mars 1942

Les trains de la mort

La très grande majorité des Juifs de France déportés vers Auschwitz partent du camps de Drancy.

16 et 17 juillet 1942

La rafle du Vel' d'hiv

Sur ordre du régime de Vichy, 9 000 policiers et gendarmes français aident les nazis à arrêter près de 13 000 Juifs. Ils sont parqués au Vélodrome d'hiver, à Paris, avant d'être emmenés vers les camps d'extermination nazis.

24 mai 1943

La création de la milice

Cette troupe est formée de Français volontaires pour aider l'armée allemande. Sous la conduite de Joseph Darnand, ils pourchassent les résistants.

Pourquoi dit-on que la guerre est totale ?

En plus du nombre record de pays participants, cette guerre mobilise plus de 100 millions de soldats, des femmes, des savants, des industriels. Toutes les populations et tous les secteurs de l'économie sont touchés.

INCROYABLE!

Après l'échec de la prise de Stalingrad, Hitler décrète trois jours de deuil national !

Qui a été touché par la guerre ?

Tout le monde. Ce n'est plus uniquement une guerre de soldats comme en 14-18. Les Juifs ont été volontairement massacrés par les nazis. Les populations ont souffert de la faim. Certaines villes, comme Stalingrad, ont été des champs de bataille ; d'autres, comme Londres, Tokyo ou Dresde, ont été bombardées.

Les femmes ont-elles participé à la guerre ?

Bien sûr. Certaines travaillent dans les usines qui manquent d'hommes, d'autres intègrent parfois des unités combattantes, en particulier dans les armées anglaise et soviétique. La Résistance accueille aussi des femmes mais elles accèdent rarement à un poste de commandement.

Les avions japonais décollent de porte-avions qui naviguent à près de 300 km de Pearl Harbor.

Qui sont les principaux alliés des Allemands dans le monde ?

L'Italie en Europe et le Japon en Asie. Les Japonais veulent contrôler un immense territoire et envahissent la Chine et les îles asiatiques. En attaquant la flotte américaine à Pearl Harbor en 1941, ils espèrent avoir la voie libre dans le Pacifique.

LE SAVAIS-TU ? Le raid aérien américain sur Tokyo du 9 mars 1945 est le plus meurtrier de toute la guerre : il fait plus de 100 000 morts.

UNE GUERRE MONDIALE

L'Allemagne nazie et ses alliés s'emparent d'immenses territoires en Europe et en Asie. En 1942, ils sont au maximum de leur puissance.

1942

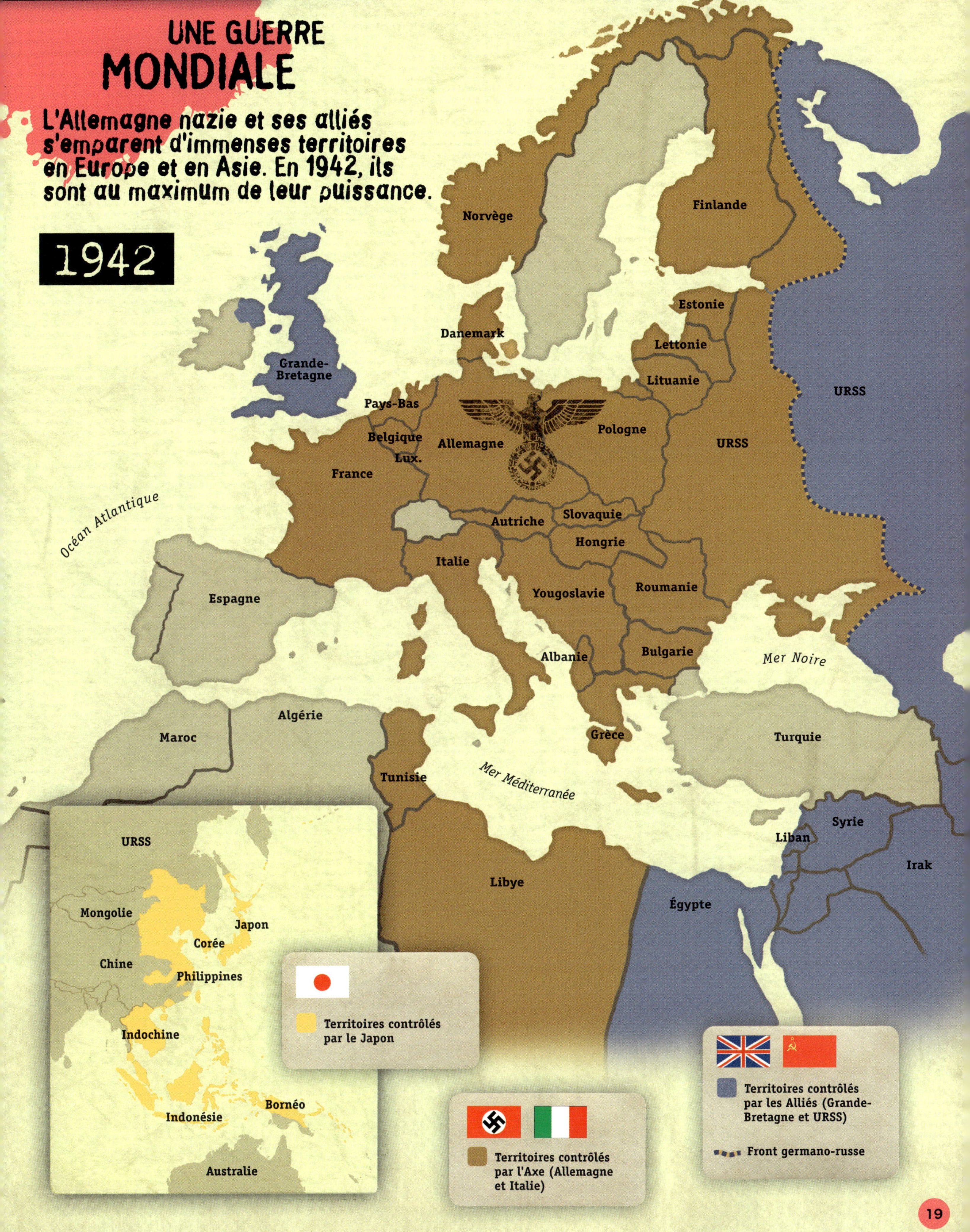

Comment s'organise la résistance française ?

Certains rejoignent le général de Gaulle à Londres. Ce sont les membres de la « France libre » ou résistants de l'extérieur. En France, des hommes et des femmes réalisent des actions contre l'occupant. C'est la résistance de l'intérieur.

Les résistants sont-ils nombreux ?

Pas au début. Mais leur nombre augmente en 1942 : les jeunes refusent le travail obligatoire que Vichy leur impose. Cette même année, la zone sud est envahie par les nazis, en représailles au débarquement américain en Afrique. Beaucoup rejoignent les maquis, des groupes qui se cachent dans les forêts ou les montagnes.

Que font les résistants ?

C'est très variable. Certains font sauter des voies ferrées. D'autres diffusent les journaux clandestins ou participent à des réseaux d'évasion. D'autres encore portent l'étoile jaune par solidarité avec les Juifs ou écoutent la radio anglaise pour informer leurs amis.

INCROYABLE !

Dans la clandestinité, les résistants parviennent à publier des journaux comme « Défense de la France » et à en diffuser jusqu'à plusieurs centaines de milliers d'exemplaires !

Est-ce dangereux de résister ?

Très dangereux. Les résistants risquent à tout moment d'être arrêtés et on les torture pour qu'ils dénoncent leurs camarades. Ils sont ensuite exécutés ou déportés dans des camps. Il faut être discret et rester vigilant en permanence car les traîtres sont nombreux.

Les Français sont-ils les seuls à résister ?

Non. Dans tous les pays occupés, des résistants s'organisent face à l'occupant nazi. L'un des plus célèbres est Tito, le chef des partisans yougoslaves. Après avoir résisté à Hitler, il aura aussi le courage de s'opposer à Staline.

LE SAVAIS-TU ? La Corse est la première région française libérée, dès septembre 1943, en grande partie grâce à la Résistance.

LES RÉSEAUX

Hommes ou femmes, français ou étrangers, les résistants s'organisent peu à peu en réseaux pour coordonner leur action.

1 LES PREMIERS RÉSISTANTS

Le 18 juin 1940, le général de Gaulle appelle, par un message diffusé à la radio, à poursuivre le combat.

En France, des actes de sabotage ont lieu contre les Allemands dès les premières semaines de l'Occupation. Mais ils sont très rares.

2 L'ESSOR

Beaucoup de petits groupes se développent et certains se rassemblent pour créer de vastes réseaux : Libération Nord et Sud, Combat ou Franc-Tireur sont les 3 plus importants.

Certains résistants se cachent dans des régions peu peuplées, des forêts ou des montagnes. Ce sont les maquisards.

3 L'ORGANISATION

Envoyé en France par le général de Gaulle le 2 janvier 1942, Jean Moulin crée l'organisation « Mouvements unis de la Résistance » (MUR) qui, à partir de janvier 1943, associe les principaux réseaux.

Jean Moulin permet aussi d'établir la liaison entre la résistance intérieure et la France libre du général de Gaulle. Mais il est trahi, arrêté et torturé à mort en juin 1943.

4 LA LIBÉRATION

Au moment de la libération de la France, les résistants aident les Alliés dans leur progression. Ils les aident efficacement à reprendre Paris par exemple.

Quand les Allemands ont-ils perdu la guerre?

L'arrivée des Soviétiques et des Américains aux côtés des Alliés va changer le rapport des forces. De juin 1942 au printemps 1943, les forces de l'Axe connaissent leurs premiers échecs après des mois de victoires.

À quel moment l'Allemagne est-elle au sommet de sa puissance ?

Au début de l'année 1942, la Grande Allemagne s'étend de la Norvège à la Méditerranée et de la Bretagne au fleuve Volga, en Russie. Personne ne peut résister aux troupes nazies qui poursuivent leur avancée vers l'Est. Hitler rêve de prendre le contrôle du Proche-Orient et de son pétrole.

INCROYABLE !

Ignorant que la guerre est finie, un soldat japonais est retrouvé dans une île du Pacifique en 1972.

Qui stoppe l'avancée allemande ?

Surprise par l'attaque allemande de l'été 1941, l'armée Rouge de Staline est en perdition. Sûr de sa force, Hitler ordonne à ses troupes de s'emparer de la ville de Stalingrad. Mais les Russes résistent de juillet 1942 à février 1943 dans des conditions effroyables. Les Allemands doivent renoncer.

Pourquoi les Américains entrent-ils en guerre ?

Le 7 décembre 1941, les Japonais détruisent une partie de la flotte américaine de Pearl Harbor, localisée à Hawaii. Ils veulent conquérir l'Asie du Sud-Est et les îles de l'océan Pacifique. L'attaque scandalise l'opinion publique américaine et incite le président Roosevelt à faire entrer les États-Unis dans la Seconde Guerre mondiale.

LE SAVAIS-TU ? La terrible bataille de Stalingrad a fait plus d'un million de morts !

La Une

Kamikazes sur Pacifique

7 décembre 1941 - Les Japonais ont attaqué Pearl Harbor sans déclaration de guerre ! Nous avons perdu 2 400 soldats, 10 bateaux et 188 avions. Nous devons nous battre avec les démocraties contre la barbarie !

le 7 décembre 1941

Vers le débarquement

Les Grands à Téhéran

Pour la première fois, Staline, Roosevelt et Churchill (de droite à gauche sur la photo) se rencontrent dans la capitale iranienne. Les Anglais et les Américains annoncent leur intention de débarquer en France dans les prochains mois.

28 novembre - 1er décembre 1943

EN BREF

En bref : les forces de l'Axe faiblissent

Le Renard du désert vaincu

3 novembre 1942 - Le maréchal Rommel qui dirige les troupes nazies en Afrique du Nord a capitulé à El-Alamein (Égypte).

Opération Torch en Afrique

8 novembre 1942 - Les troupes anglo-américaines ont débarqué près d'Alger et prennent le contrôle du Maroc et de l'Algérie. Elles vont pouvoir préparer le débarquement au sud de l'Europe.

Ils ont tenu

2 février 1943 - Le général nazi von Paulus renonce devant Stalingrad après une bataille qui a coûté la vie à près de 400 000 de ses soldats. Le sort de la guerre a-t-il basculé ?

Les Alliés en Italie

10 juillet 1943 - Les Anglais et les Américains viennent de débarquer en Sicile. Mussolini est de plus en plus contesté. Les Allemands doivent envoyer des renforts.

Qui a organisé le débarquement ?

Les Anglo-Américains préparent le débarquement dans le plus grand secret. C'est le général américain Eisenhower qui fixe au dernier moment la date : l'opération Overlord aura lieu le 6 juin 1944.

D'où viennent les soldats ?

Les 7 000 navires qui se dirigent vers les côtes françaises sont partis d'Angleterre et arrivent sur les plages à marée basse à 6 h 30. Dans la journée, 156 000 hommes débarquent. Pendant plusieurs semaines, la Normandie devient un champ de bataille.

INCROYABLE !

Pour tromper les Allemands, les Alliés diffusaient de faux messages radio et faisaient déplacer des bateaux gonflables !

C'est quoi, le mur de l'Atlantique ?

Les Allemands craignent un débarquement des Alliés depuis quelques mois. Ils construisent donc sur le littoral de grandes fortifications en béton, des bunkers. Plus de 10 000 murs se succèdent sur la côte atlantique et la Manche.

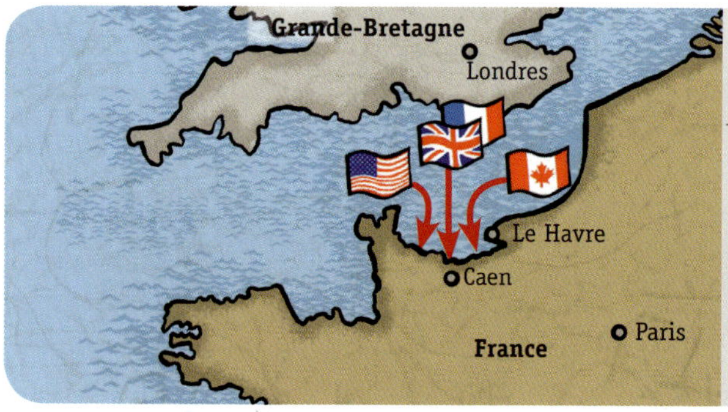

Les soldats qui débarquent sont-ils tous américains ?

Les plus nombreux viennent des États-Unis mais il y a aussi beaucoup d'Anglais et de Canadiens. Quelques Français débarquent aussi le premier jour sur les plages de Normandie.

Tous les soldats ont-ils débarqué en Normandie ?

Non, les Alliés débarquent aussi sur les côtes de Provence le 15 août 1944 pour prendre les Allemands à revers. Les assaillants sont formés de troupes américaines et des armées d'Afrique du Nord (Maroc, Tunisie, Algérie).

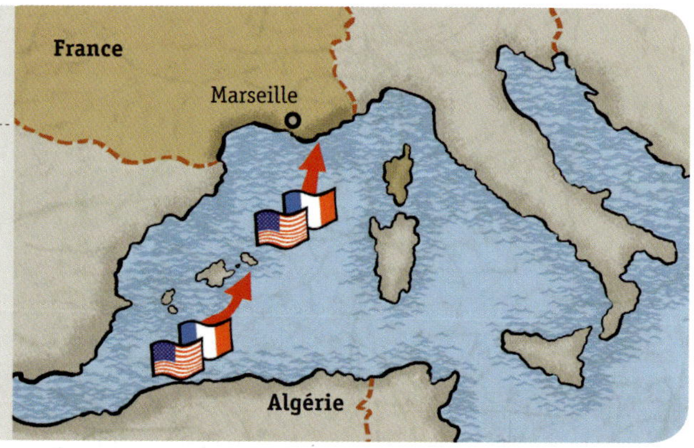

LE SAVAIS-TU ? La veille du débarquement en Normandie, des avions parachutent 30 000 hommes derrière les lignes allemandes.

LE DÉBARQUEMENT

Les Alliés débarquent sur les plages normandes en juin 1944 puis en Provence deux mois plus tard. Mais certains ports de l'Atlantique comme Royan ne capituleront qu'au printemps 1945.

❶ Âgé de 18 ans, **Paul** vient du Texas. Il est fantassin et sa mission est de rejoindre Caen le plus vite possible.

❷ **Bob** est un célèbre photographe de guerre (Robert Capa). Il débarque avec les premiers soldats pour filmer le débarquement.

❸ **Gunther** est chargé de tirer avec son canon sur les assaillants. Il sait que l'Allemagne est en perdition mais il croit toujours à la victoire.

❹ **Robert** est alsacien et doit se battre avec la Wehrmacht contre les Alliés. C'est une situation très difficile pour lui.

❺ Comme tous les officiers allemands, **Andréas** est surpris par ce débarquement en Normandie. Tout le monde l'attendait dans le Pas-de-Calais.

❻ À la tête de son équipage, l'Anglais **Tim** débarque avec son char pour soutenir les soldats.

La libération de l'Europe est-elle facile ?

Cela dépend des endroits. Quelques régions sont libérées rapidement, d'autres résistent. Certains ports de l'Atlantique comme Royan ne capitulent même qu'au printemps 1945, au moment de la prise de Berlin !

INCROYABLE !

Hitler a ordonné de détruire Paris mais n'a pas été obéi par ses officiers.

Quelle armée arrive à Berlin en premier ?

À partir d'avril 1945, une course est lancée entre Américains et Soviétiques pour conquérir Berlin. Le 23 avril 1945, les troupes de Staline pénètrent dans la ville après deux semaines de combats qui font près de 1,7 million de morts. Elles vont aussi occuper pendant des mois une grande partie de l'Europe centrale.

Quand a lieu la capitulation allemande ?

Elle se fait en deux étapes. Le 7 mai, les Allemands signent leur capitulation à Reims avec les Anglo-Américains. Les Soviétiques exigent que la signature soit répétée à Berlin, dans la nuit du 8 au 9 mai 1945.

Les femmes accusées d'avoir fraternisé avec l'occupant sont tondues en public.

Que deviennent les résistants et les collaborateurs ?

Certains chefs résistants occupent des fonctions importantes dans les pays libérés mais la majorité revient à sa vie d'avant-guerre. De la même manière, les collaborateurs les plus impliqués sont exécutés rapidement mais d'autres reprennent aussi une vie normale.

LE SAVAIS-TU ? Le 24 avril 1945, l'armée Rouge pénètre dans Berlin et Hitler se suicide dans son bunker.

COMBATS DE GÉNÉRAUX

À la tête de troupes alliées ou de la défense allemande, ces officiers sont de véritables stratèges.

Erwin Rommel
(1891-1944)

Après une belle carrière en Afrique du Nord, le Renard du désert organise les défenses du Mur de l'Atlantique en 1944 puis celles de la Bataille de Normandie. Impliqué dans l'attentat organisé le 20 juillet 1944 contre Hitler, il se suicide le 14 octobre 1944.

Bernard Montgomery
(1887-1976)

Commandant des troupes anglaises d'Afrique du Nord, le maréchal Montgomery devient célèbre en chassant les troupes du prestigieux maréchal Rommel d'Afrique du Nord. Il est aussi l'un des héros du débarquement en Normandie.

Dietrich von Choltitz
(1894-1966)

En août 1944, le général Dietrich von Choltitz est le gouverneur de Paris, responsable des forces militaires allemandes. Devant l'avancée des Alliés, Hitler lui aurait ordonné de détruire les principaux monuments et ponts de la capitale. Considérant que le chef nazi avait perdu la raison, le général refuse de lui obéir et capitule.

Dwight Eisenhower
(1890-1969)

Chargé de la préparation du débarquement en Normandie, ce général américain est le commandant en chef de forces alliées lors de la libération de l'Europe. Sa carrière politique est aussi brillante : il est élu président des États-Unis en 1952 et 1956.

Philippe Leclerc de Hautecloque
(1902-1947)

Commandant de la IIe division blindée, ce général français libère Paris avec les résistants de la capitale. Il obtient la reddition du général Von Choltiltz, gouverneur militaire allemand de Paris, le 25 août 1945.

Jean de Lattre de Tassigny
(1889-1952)

Débarqué en Provence le 16 août 1944, ce général français participe à la libération de Toulon, Marseille, Lyon et de l'Alsace. Il représente la France lors de la capitulation allemande du 8 mai 1945 à Berlin.

Georgi Joukov
(1896-1974)

Maréchal soviétique, il défend Moscou et Stalingrad face à l'invasion nazie puis mène la contre-attaque vers l'Allemagne jusqu'à la capitulation.

Où se poursuit la guerre ?

Après la capitulation allemande, les combats cessent en Europe. Allié de l'Allemagne nazie vaincue par les Alliés, le Japon poursuit sa lutte désespérée contre les Américains dans l'océan Pacifique.

Que se passe-t-il à Hiroshima ?

Le 6 août 1945, les Américains lancent la première bombe atomique de l'histoire. Trois jours plus tard, une deuxième bombe atomique dévaste la ville de Nagasaki. Le lendemain, les Japonais demandent l'armistice. Les Américains occuperont le pays en partie jusqu'en 1952.

Y a-t-il beaucoup de victimes ?

On ne connaît pas avec exactitude le nombre de victimes qui s'approche de 200 000 personnes à Hiroshima et environ 50 000 à Nagasaki. Beaucoup d'habitants sont tués en un instant, d'autres sont brûlés, écorchés vifs ou irradiés et meurent après de longues maladies.

INCROYABLE !

Le choix définitif d'Hiroshima est fait alors que l'avion qui transporte la bombe est déjà en vol.

Pourquoi les Américains utilisent-ils la bombe atomique ?

Selon le président américain Truman, c'est le seul moyen pour mettre fin à la guerre en limitant la perte de ses soldats. Les historiens pensent qu'il veut aussi montrer sa force aux Soviétiques, prêts à envahir une partie de l'Orient.

LE SAVAIS-TU ? La bombe lancée sur Hiroshima porte le nom de « petit garçon ».

LE BILAN DE LA SECONDE GUERRE MONDIALE

La Seconde Guerre mondiale a fait **4 à 5 fois plus** de morts que la Première.

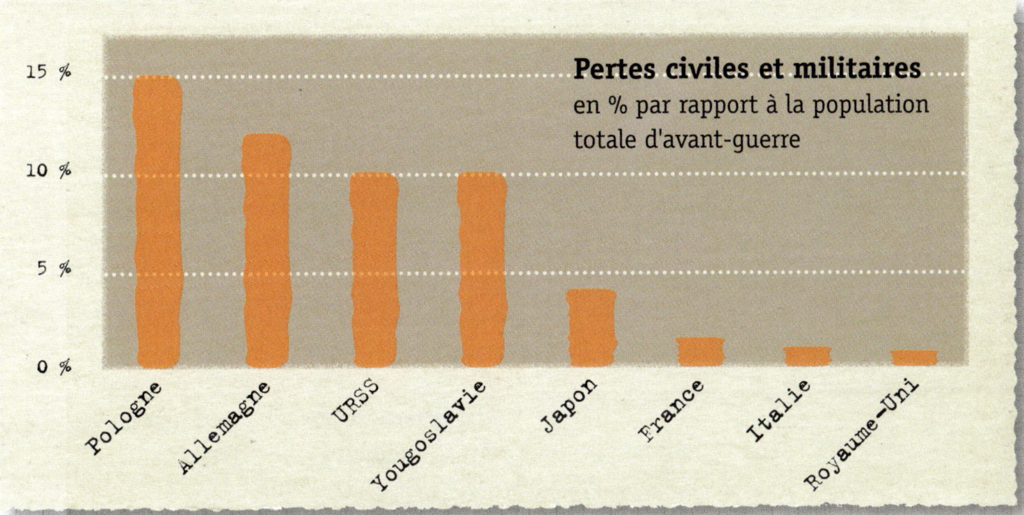

- **La Pologne** a perdu **15 %** de sa population d'avant-guerre.
- **L'URSS** a perdu environ **21 millions** de soldats et de civils, c'est-à-dire 70 fois plus que les États-Unis.
- **Les États-Unis** n'ont connu que des pertes militaires (300 000 soldats).

300 000 maisons ou immeubles d'habitation sont entièrement détruits en France.

En Europe, des villes sont quasi rasées comme **Coventry** (95 %), **Dresde** (95 %) ou **Le Havre** (80 %).

30 millions de personnes déplacées

Prisonniers de guerre, personnes en fuite devant l'ennemi, en exil, chassées suite à des modifications de frontières…

2 grands procès

- Le procès de Nuremberg, en 1945, juge les criminels de guerre nazis.
- Le procès de Tokyo, de 1946 à 1948, juge les criminels de guerre japonais.

Quelles sont les conséquences de la guerre ?

Elles sont nombreuses. L'Europe est dévastée et les morts se comptent par dizaines de millions. La guerre va faire naître des conflits entre le monde occidental et le monde soviétique.

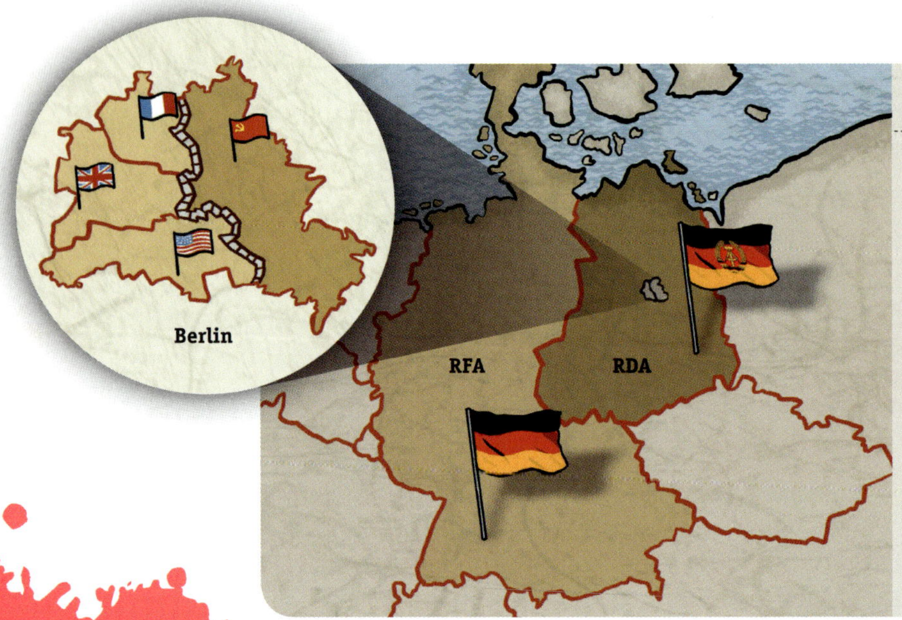

Que devient l'Allemagne ?

Elle est occupée par les 4 puissances victorieuses : l'URSS, les États-Unis, la Grande-Bretagne et la France. La capitale, Berlin, est aussi divisée en 4 secteurs. En 1949, l'Allemagne est partagée en 2 États : la République fédérale d'Allemagne (RFA), proche des Américains, et la République démocratique allemande (RDA), sous influence soviétique.

INCROYABLE !

Le procès de Nuremberg a duré onze mois !

C'est quoi, l'ONU ?

L'organisation des Nations unies a été créée en 1945 pour essayer de résoudre les conflits entre les pays et empêcher les guerres. Formée de 51 pays à l'origine, l'ONU veille sur la paix et le respect des droits de l'homme.

Les criminels de guerre ont-ils été jugés ?

Les principaux dirigeants nazis ont été jugés à partir du 20 novembre 1945 lors du procès de Nuremberg. Douze responsables du IIIe Reich sont condamnés à mort. La même année, les grands criminels de guerre japonais sont jugés à Tokyo. Sept d'entre eux sont pendus.

LE SAVAIS-TU ? Des responsables nazis sont parvenus à fuir : certains ont été capturés et jugés bien après la guerre, comme Klaus Barbie en 1987.

L'EUROPE DE LA GUERRE FROIDE

Les désaccords entre Staline qui contrôle l'Europe centrale et ses anciens alliés éclatent vite. À l'exception de quelques nations, les pays doivent choisir entre les camps soviétique et occidental. C'est le temps de la guerre froide.

1949

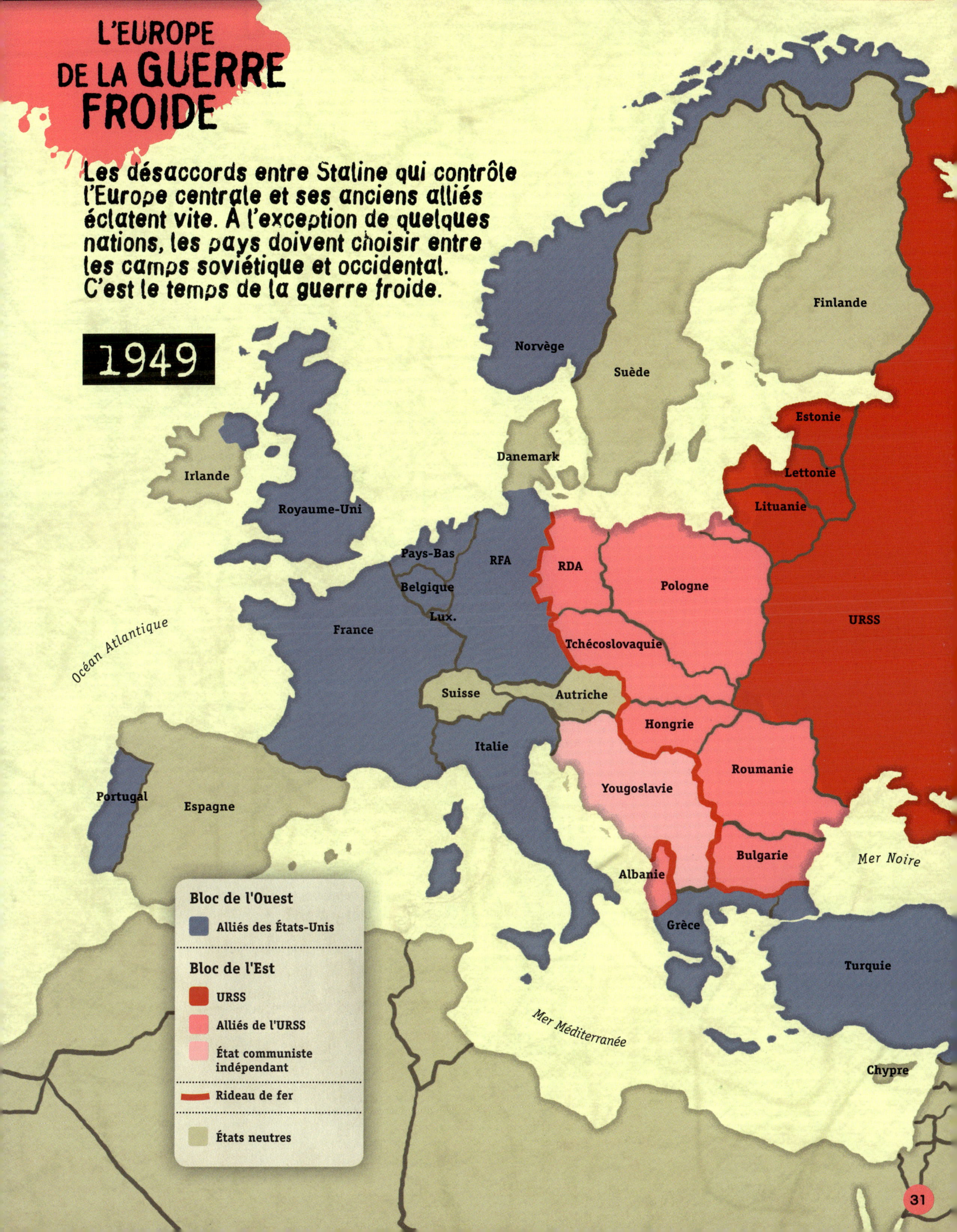

Textes Jean-Michel Billioud
Illustrations Cyrille Meyer
Crédits photographiques
Couverture : Photo12.com / Alamy / David Wall (avion) ; Mau Horng / Shutterstock (nuages) ; p. 5 : haut Coll. Archives Larbor ; milieu US Navy / Coll. Archives Larbor ; bas Photo X-D.R. / Coll. Archives Larbor ; p. 7 : haut g Gamma-Rapho / Keystone ; haut d G. Tomsich / Archives Larbor ; milieu haut g J.-L. Charmet / Archives Larbor ; milieu d Rue des Archives / Tallandier ; milieu bas g J.-L. Charmet / Archives Bordas ; bas d Photo Signal / Coll. Archives Larbor ; bas g BIS / Ph. J.-L. Charmet / Archives Larbor ; p. 13 : milieu Getty / Hulton Archive ; bas Getty / Time & Life Pictures / Hans Wild ; p. 15 : BIS / Ph. Coll. Archives Larbor ; p.17 : haut g Roger-Viollet / Lapi ; haut d Coll. Archives Larbor ; milieu haut g Bridgeman-Giraudon / Archives Charmet ; milieu bas g BIS / Ph. Archives Larbor ; milieu d Gamma Rapho / Bassignac-Turpin ; bas g Photo12.com ; bas d D.N.P.-D.R. / Coll. Archives Larbor ; p. 23 : haut Archivo L.A.R.A. / Planeta ; bas D.R. / Coll. Archives Larbor ; p. 27 : haut g Harlingue-Viollet ; haut d Getty / Hulton Archive / Chris Ware ; milieu gauche Roger-Viollet ; milieu d Archivo L.A.R.A. / Planeta ; bas g BIS / Ph. Coll. Archives Larbor ; bas m Roger-Viollet / Lapi ; bas d Ria Novosti.

Direction éditoriale Céline Charvet
Responsable d'édition Jean-Christophe Fournier
Édition Mathilde Bonte-Joseph avec Arthur Fabius
Maquette Lawrence Honoré
Recherche iconographique Valérie Delchambre, Gaëlle Mary
Relecture typographique
Fabrication Lucile Davesnes-Germaine
Photogravure Axiome

Loi n° 49.956 du 16 juillet 1949 sur les publications destinées à la jeunesse.

ISBN : 978-2-09-253261-4
N° de projet : 10173476 – Dépôt légal : août 2011
Imprimé en France par Pollina - L57347